いろいろな人の目線で考えよう

心の
バリアフリー
を学ぶ

② おでかけ 編

監修 髙橋儀平
（東洋大学名誉教授）

発売 小学館　発行 小学館クリエイティブ

心の バリアフリー を学ぶ
② おでかけ 編
もくじ

乗りもの

おでかけ

コラム

この本の使い方

2巻では、電車やバスなどの乗りものと、映画館やテーマパークなど出かけた先の場面を取り上げます。

場面の説明

バリアフリーの工夫
だれでも使いやすくするポイントを紹介します。

バリアを感じている人
どんな障害があるかを示しています。絵が表す障害は8〜9ページで紹介しています。

バリアを感じている人の声
バリアを感じた人の体験談を紹介します。

Q＆A
疑問や不思議を解決します。

参考になるページ
その言葉について、くわしく説明しているページを（→1巻56ページ）のように示しています。

ミニコラム
知っておきたいバリアフリーの情報や知識を紹介します。

コラムページ
バリアフリーについて、もっとよく知るページです。

この本を読むみなさんへ

東洋大学名誉教授
髙橋儀平

　私が体験した障害のある人とのかかわりをお話しします。

　ひとつは私が小学生のころの話です。近所に少し勉強がおくれている同級生がいました。クラスが一緒で席もとなり、通学も下校も遊ぶ時もだいたい一緒でした。ある時クラスの先生が、その子の勉強を見てほしい、と言ってきました。「ええ、先生はなにしているの？」というのが私の素直な疑問でした。今振り返ると、先生にはお願いされたのですが、一緒に遊んだだけで勉強を見ることはしなかったと思います。なんの先入観もないので、今とはちがう平等観があったような気がします。

　でも今は、重い障害のある子をきょうだいと一緒の学校に通わせたいと保護者が言うと、学校から「通学は家族の人が責任をもってください」と言われたりすることがあります。これが社会のルールになっています。この場合の「心のバリアフリー」は、家族に負担をかけない、つまり、学校側がルールを変えて通学の手助けをすることです。

　ふたつめは大学を出て3年目のことです。とても素敵な人に出会いました。その人は重い脳性まひをわずらっていて、体をかたむけながらもなんとか自分で歩いていました。うまくしゃべれず、聞き取りにくい言葉でしたが、必死になって「ぼくたちは山の中の施設ではなく、親兄弟と自由に行き来できる町の中でくらしたい」というのです。建築を学んできた私は、障害があるから特別な住宅をつくるのではなく、みんなと同じ町の中でふつうの家にくらすのでいいのかもしれない、と感じました。町の中に家をつくれば、出かけるための道路やバス、鉄道もその人たちが不自由なく出かけられるように変わらなければなりません。つまり、重い障害がある人が町に出られないのは、障害が重いからではなく、私たちが出かけられないような町や交通機関をつくってきたからなのです。そのことをこの本で気づいてくれると、とてもうれしいです。

バリアってなんだろう？

「バリア」は日本語で「障壁」という意味があります。生活のさまたげになっている壁（バリア）を
なくす（フリー）ことが「バリアフリー」です。では、世の中にはどのようなバリアがあるのでしょうか？

物理的なバリア
建物の出入り口の段差や、届かない高さにあるスイッチなど、移動や作業を困難にするもの。

制度的なバリア
障害を理由に入学を断られる、国家資格が取れないなど、社会に参加する機会をうばわれること。

4つのバリアがなくなると「バリアフリー社会」に！
出典：国土交通省

文化・情報面のバリア
字幕がついていない、音声案内がないなど、情報を得る手段が限られていること。

意識上のバリア
障害があることを「かわいそう」だと思う、偏見の目で見るなど、自分とちがうので受け入れられないと思うこと。

バリアをなくすための法律

すべての人が障害のあるなしで分けられることなく生活を送れるように、国が法律をつくっています。その内容の一部を見てみましょう。

障害者差別解消法
2016年に施行された法律で、正式名称は「障害を理由とする差別の解消の推進に関する法律」といいます。この法律では、障害を理由としたあらゆる「不当な差別的取扱いの禁止」と「合理的配慮の提供」が求められています。

不当な差別的取扱いの禁止：障害を理由として、サービスの提供を拒否したり、利用を制限したりすることを禁止しています。

合理的配慮の提供：バリアを感じた本人から、バリアを取り除くよう要望があった時、大きすぎる負担がない範囲で対応しなければいけません。

バリアフリー法
2006年に施行された法律で、正式名称は「高齢者、障害者等の移動等の円滑化の促進に関する法律」といいます。公共交通機関や建物、公共施設はすべての人が利用しやすいようにしなければいけません。例えば、駅の出入り口からホームまで、エレベーターかスロープなどをつくって段差をかならずなくすことや、車いす使用者用の駐車場を設けることなどが義務づけられています。

バリアをなくす方法を考えよう！

法律や制度で、すべての人が平等に生活できるように決められています。建物や設備をつくる人だけの
ルールではなく、私たちも行動を起こさなければバリアはなくなりません。

さまざまな人がいる社会

日本の人口は約1億2600万人※ です。当たり前ですが、
自分と同じ人間は1人もいません。

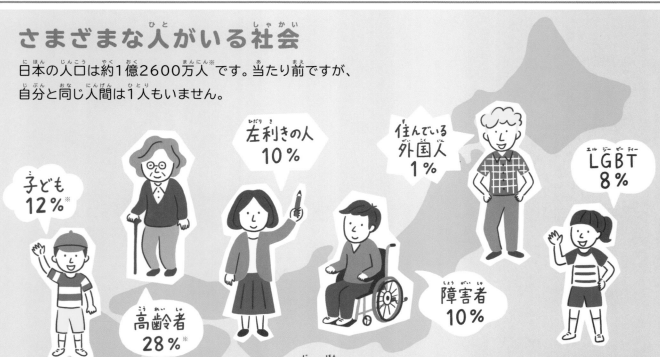

子ども
12 %※

左利きの人
10 %

住んでいる
外国人
1 %

LGBT
8 %

高齢者
28 %※

障害者
10 %

日本にはどのくらいいるのかな？

※総務省統計局2019年8月1日現在。子どもは15歳未満、高齢者は65歳以上の割合を表す。

心のバリアフリー

国は、2020年東京オリンピック・パラリンピックをきっかけに、だれもが暮らしやすい社会をつくるための「ユ
ニバーサルデザイン2020行動計画」(2017年) を発表しました。その中で、自分とはちがうさまざまな人を
おたがいに尊重しあい、差別のない社会をつくるために「心のバリアフリー」が大切だとしています。

「心のバリアフリー」のポイント

1 障害のある人のバリアは個人にあるのではなく、社会の中にあること (障害の社会モデル) を
理解し、心のバリアを取り除くのは社会の中のひとりひとりの責務であること。

2 障害のある人 (およびその家族) に対して障害を理由とした差別をせず、
ひとりひとり異なる配慮を十分に行うこと。

3 自分とは異なる技能や要求をもつ多様な人びととコミュニケーションをとり、
すべての人がかかえる困難や痛みを想像し、共感する力をつちかうこと。

この教室にはどんな人がいますか？

みんなが平等に授業を受けられるような工夫を探してみましょう。
そこから「心のバリアフリー」のポイントが見えてくるはずです。

1 障害は「個人」ではなく「社会」の中にある

視力がとても弱くて、教科書の字が読めないので、タブレットを使って文字を拡大して読んでいます。「教科書が読みにくい」というバリアがなくなりました。

2 障害があることを理由に差別をしない

人の声やいすを動かす音など、周りの音が大きく感じて授業に集中できない人がいます。音をさえぎるイヤーマフを使えば、単に勉強しない人として区別されることなく、同じ教室で学ぶことができます。

3 相手の気持ちを想像してみる

見えにくい人、聞こえにくい人、車いすを使っている人など、さまざまな人たちと交流すると、相手のことを知ることができます。感じているバリアは人それぞれだと気づくことが大切です。

髙橋儀平先生

ちがっていて当たり前。では、学校や社会のバリアをなくすためにはどうしますか？　この本を読んで、あなたができることを考えてみましょう。

バリアを感じている人はだれ？

このページで紹介する人たちがさまざまな場面で困っていることを、「バリアを感じている人の声」として取り上げています。
声を聞いて、自分が思いこんでいる「当たり前」を見直してみましょう。

見えない 見えにくい

視覚障害

目がまったく見えない人や視力は弱いけれど少し見える人などがいます。全体が見えない、もしくは見えにくい、見える範囲がせまい、部分的にしか見えない、色の区別がつきにくいなど、見え方はさまざまです。歩行を補助するために、白杖を持っている人もいます。

お話を聞いた人：上薗和隆さん、鷹林智子さん、三宅 隆さん

聞こえない 聞こえにくい

聴覚障害

まったく聞こえない人や聞こえにくい人がいます。聞こえ方にもちがいがあり、小さな音が聞こえにくい場合は補聴器をつけることで聞こえやすくなる人もいます。生まれつき聞こえない場合は、音声を発することが難しいこともあります。

お話を聞いた人：藤川太郎さん

手足や体が自由に動かせない

肢体不自由

手や足、体のことを「肢体」といいます。肢体不自由とは、うでや足の一部が欠損していたり、まひがあって動かなかったりするため、立ったり歩いたりという動作が難しいことです。車いすや義手、義足、つえなどを使って動作を補助している人もいます。

お話を聞いた人：白井誠一朗さん

内臓や免疫の機能が低下している

内部障害

心臓や腎臓、呼吸器などの内臓の機能や免疫機能の働きが悪くなることを「内部障害」といいます。「ペースメーカー」という心臓の働きを助ける機器を体にうめこんでいる人、はいせつがうまくできないため「人工肛門」などをつけている人（オストメイト）もいます。

脳の働きの変化で心や体に苦痛を感じる

精神障害

実際には音がしていないのに聞こえたように感じたり、周りの人がみんな自分を見ているように感じたりするために、日常生活が困難になってしまう人です。「統合失調症」「うつ病」「不安障害」などの分類があります。

お話を聞いた人：鷺原由佳さん

得意なことや苦手なことの差が大きい

発達障害
知的障害

知的障害は、記憶力や言語能力などの発達におくれが見られ、学業や日常生活が困難になることです。発達障害は、生まれつき脳の一部の機能に障害があり、コミュニケーションや学習が難しいことです。発達障害に知的障害をともなう場合もあり、はっきり分けられるものではありません。

お話を聞いた人：橋口亜希子さん（発達障害のある子どもの母親）

自分の性や好きになる相手の性に違和感を覚える

LGBT

性的少数者の総称のひとつです。女性が女性を好きなレズビアン（L）、男性が男性を好きなゲイ（G）、男女どちらも好きになるバイセクシャル（B）、心と体の性が一致しないトランスジェンダー（T）の頭文字です。このほか、LGBTに当てはまらない人もいます。

お話を聞いた人：原 ミナ汰さん

上薗和隆さん

小学校5年生の秋に、友だちの手が目に当たってしまい視力がぐんと下がり、中学3年生の時、完全に見えなくなった。病院で働いているころから、障害者の当事者団体で活動し、現在はNPO法人DPI日本会議で働いている。

先天性緑内障で生まれつき視力が弱く、小学校5年生から視覚障害のある子どもが通う盲学校※に入り、寮生活をしました。現在は両目ともまったく見えません。高校卒業後は病院でマッサージ師として17年間働きました。

目が見えないからといって、1人ではなにもできないということはありません。しかし、どうしてもだれかの手助けが必要になる場面もあります。そんな時はサポートをしてもらえたらうれしいです。

失敗をおそれずに、たくさんの人と交流する機会をつくることが大切です。もし失敗してしまっても、そこから学べることがたくさんあります。相手がどうしてほしいのか、考えて行動してみてください。「見えない」とはどのようなことか、想像力を働かせることができる人になってほしいです。

バリアを感じている
人や家族に

話を聞い

1巻と2巻、合わせて8人の方に話を聞き

生まれた時に産声をあげなかったことがきっかけで、聞こえていないことがわかりました。2歳から聞こえない子どもたちが通うろう学校※の幼稚部に入り、声を出す練習をして、小学校からは一般の公立校へ進学しました。子どものころは口の動きを読みとって口話で会話ができましたが、授業の内容が難しくなると先生の話が理解できないことが多かったです。大学生の時、就職活動に必要だと思い手話言語を学び始めました。

聞こえず話ができないと、友だちの輪に入ることができない子もいます。積極的にさそってくれるとうれしいですね。外国では言葉が通じないことが当たり前なので、コミュニケーションがとりやすいんです。アメリカで日本のアニメに英語の字幕がついていた時、はじめて内容を知ることができて感激しました。また、スポーツは言葉がなくても一緒にプレーできるので楽しいです。

藤川太郎さん

大学卒業後は大手メーカーに勤め、現在は一般社団法人全日本ろうあ連盟で働く。学生時代に卓球部に入り、今も卓球やマラソンなどスポーツに親しんでいる。

10　※現在は「特別支援学校」という。

鷺原由佳さん

高校生の時、ある事件の容疑者に精神科への通院歴があったという報道を聞き、自分の中にも偏見があったことにショックを受けた。精神障害について勉強したいと思い、大学で社会福祉学を専攻。現在は、障害の当事者が障害者の権利獲得を求めて活動する、NPO法人DPI日本会議で働く。

中学生の時にいじめ被害による不登校を経験しました。「自分はだめな存在だ」という強烈な生きづらさを感じ、精神的に深い傷を負いました。その後行きたい大学へ進学しましたが、厳しい実習や生活費をかせぐためのアルバイトなどが重なり心身ともにつかれていたころ、少しずつ現実と幻覚の区別がうまくつかなくなりました。友だちから心配され病院へ行き、後に統合失調症と診断されました。

統合失調症は約100人に1人がなるといわれていて、決してめずらしくありません。病気のためとてもつかれやすく、人の多い空間が苦手です。静かに休める場所があると安心します。

精神障害に対して偏見や誤解の目で見られることもあり、とても悲しいです。「迷惑をかけるな」という目線ではなく、おたがいが理解し合って支えあえる社会になるといいですね。

てみよう！

ました。ここでは4人の方を紹介します。

先天性白内障という病気で、生まれつき見えにくく、視力は0.02ほどです。中学校までは視覚障害のある子どもが通う盲学校※へ通っていましたが、高校は受験をして一般の高校へ進学しました。教科書や配付されるプリントは、点字に訳してくれるボランティアの協力があったので、臨機応変に対応してもらえました。

声だけで人を判別するのは難しく、コミュニケーションをとるのに苦労して、なかなか友だちの輪に入ることができませんでした。子どものころから一緒の環境で過ごしていれば、おたがいに理解し合える部分が増えたかもしれないですね。

白杖を持っている人に声をかけてくれる人が増えたらうれしいです。1人で歩いていても、自分で状況を理解しながら歩きたい時もあれば、困っている時もあります。助けを必要としているかもしれないと感じたら、どうか声をかけてみてください。

鷹林智子さん

社会福祉法人日本視覚障害者団体連合の校正室に所属し、自治体や団体から依頼を受けた点字文章のチェックをしている。大学生と高校生の子どもをもつ母親。

電車に乗る —券売機—

電車に乗る前に、駅の券売機できっぷを買ったり、ICカードにチャージ（入金）したりします。券売機の周りには、どのような工夫があるのでしょうか？

🔍 点字の案内がある

視覚障害のある人が運賃を確認できるように、点字の運賃表があります。

ICカードで乗車した場合	
（あ）青山一丁目	200
赤坂	200
赤坂見附	200
赤羽岩淵	290
秋葉原	250
浅草	250
麻布十番	250

東京メトロの点字運賃表。

🔍 足を入れるスペースがある

車いす使用者が座ったまま操作できるように、台の下があいています。

🔍 ボタンでも操作ができる

タッチパネル式は視覚障害のある人が使いにくいので、音声案内や数字ボタンでの操作もできるようになっています。

タッチパネル

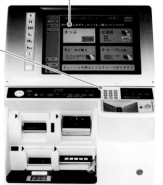

🔍 お金が入れやすい

投入口が広く、低い位置にあるので、車いす使用者や子どもでも使いやすくなっています。

写真提供：JR東日本

迷っているようすなら声をかけて

困っていますか？

私は目が見えません。ですので、たくさん人がいたり、はじめて使う駅だったりすると、どこに駅員さんがいるかわからないことがあります。きょろきょろして立ち止まっていたら「なにか困っていますか？」と声をかけてもらえると助かります。でも、急いでいたり進む方向が逆だったりする時は、無理に手伝おうとしなくても大丈夫。「右に進むと駅員さんがいます」と教えてくれるだけでもうれしいです。　　　　（鷹林智子さん）

Q 困っているのかわからない時は？

A 「お手伝いしましょうか？」と聞いてみよう。

大丈夫ですよ

「困っているのかわからないし、手伝いを必要としてなかったらはずかしい」と思って声をかけるのをためらう人もいるでしょう。でも目の前の人は本当に困っているかもしれません。「お手伝いしましょうか？」「困っていることはありますか？」とまずは声をかけてみましょう。「大丈夫です」と言われたら安心ですよね。

点字を読んでみよう

点字は視覚障害のある人が指で読む文字です。縦に3つ、横に2つの6点を使って言葉や数字を表します。さわって読めるように、点が盛り上がっています。

数字の表し方	1	2	3	4	5
	6	7	8	9	0

五十音の表し方

＊−は点がないところ。

あ	い	う	え	お		は	ひ	ふ	へ	ほ
か	き	く	け	こ		ま	み	む	め	も
さ	し	す	せ	そ		や		ゆ		よ
た	ち	つ	て	と		ら	り	る	れ	ろ
な	に	ぬ	ね	の		わ			を	ん

電車に乗る ―改札口―

きっぷやICカードが準備できたら、改札口を通ってホームへ行きます。改札口には、さまざまな人が通りやすいような工夫があります。

🔍 筆談で話せる

聞こえない人や話せない人が会話をするために、筆談器があります。

🔍 横幅が広い改札口

車いす使用者やベビーカー、大きな荷物を持っている人が通りやすいように、幅が広くなっています。

東京メトロ・丸ノ内線の改札口。

🔍 誘導する点字ブロック

視覚障害のある人のために、改札口の中にも点字ブロック（→1巻31ページ）をしいて誘導しています。ブロックがない改札口もあります。

🔍 タッチするだけで通れる

交通系ICカードはきっぷを買う必要がないので、点字の運賃表で調べる手間がかかりません。

交通系ICカードの一部。

幅が広い改札口はゆずってほしい

車いすを使用していると、改札口は幅が広い所でないと通れません。幅が広い改札口は1か所だけのことも多いです。私がその改札口から入りたいのに人の列が途切れず、なかなか通れないことがあります。先を急いだり、スマートフォンを見ていたりして、周りが見えていない人が多いように感じます。周りを気にするゆとりがあるとよいですね。

（白井誠一朗さん）

「声」以外のコミュニケーション

聴覚障害は見た目ではわかりません。話し相手が、聞こえない、聞こえにくい人だったとしてもコミュニケーションをあきらめず、いろいろな手段があることを知っておきましょう。

口話

口の形から言葉を読みとります。口をはっきりと動かして、相手に口元が見えるように話します。表情やジェスチャーをつけて話すことも大切です。

筆談

文字を書いて伝えます。スマートフォンなどを使った文字入力でも筆談ができます。書くものがなければ、手のひらに指で文字を書くまねをしてもよいです。

手話言語

手や指の形、ジェスチャーで言葉を伝えます。表情で気持ちを表すことも重要です。

「どうしましたか？」

人差し指を立てて左右にふり、手のひらを相手に向ける。

「ありがとう」

左手の手の甲に右手を垂直にのせ、右手を上げながら頭を下げる。

15

電車に乗る ―ホームへ①―

駅によっては、改札口からホームまでのきょりがあったり、階段ののぼりおりが必要だったりします。案内板や段差にはどのような工夫があるのでしょうか?

🔍 階段とスロープが選べる

ベビーカーをおしていたり重い荷物を持っていたりすると、少しの階段でもたいへんです。ゆるやかな坂になっているスロープがあると、車いす使用者も通ることができます。

🔍 高さが選べる手すり

階段の手すりは、のぼりおりする時に支えになります。手すりが2段だと、高齢者や子どもなども、自分の高さに合った手すりを選ぶことができます。

トイレはこの先〜

🔍 階段の位置を音でお知らせ

「ピン・ポーン」というチャイムや、鳥の鳴き声などが流れる「誘導用電子チャイム」です。階段のほか、改札口やトイレの案内にも使われています。

🔍 音声やでこぼこでお知らせ

駅構内の案内図が、さわってわかるように立体的につくられています。音声でも案内が流れます。

点字

→出口A8 JR新宿駅東口 方面

階段の手すりには、現在地や階段がつながっている出口などが点字で表記されています。

バリアを感じている人の声

音声案内がもっと増えるといいな

最近では、少しずつ音声案内が増えてきました。トイレなどはとくにわかりやすいです。でも、乗りかえの時に、行きたいホームへの音声案内は、まだほとんどありません。

駅によってはエスカレーターや出口が複数のこともあるので、誘導のための音声案内がもっと充実するとうれしいです。

（上薗和隆さん）

見えない人をガイドする方法

視覚障害のある人の歩行を手助けすることをガイドヘルプといいます。白杖を持っていないほうの手で、ひじや肩につかまってもらい、ガイドは半歩先を歩きます。つかまりたい場所や歩くペースは人それぞれです。きちんとコミュニケーションをとりましょう。

階段

ななめに近づくとふみはずす危険があるので、まっすぐ進みます。自分が階段に1段足をかけたら「階段をおります（あがります）」と声をかけます。相手の片足が最後の1段に着いたら「あと1段で終わりです」と伝えましょう。

せまい場所

幅がせまい通路や人通りが多い場所で横に並んで歩けない場合は、自分のうでを背中側へ回してつかんでもらいます。

おります

終わりです

座席

電車の座席に案内する場合は、座面や背もたれに相手の手をもっていくか、足に空いている席が軽く当たるように誘導します。

17

乗りもの

電車に乗る ―ホームへ②―

階段、エスカレーター、エレベーターが近い場所に並んでいたらとても便利です。
エレベーターが遠くにあったら、そこまで移動しなければいけないからです。

○ 移動手段が選べる

車いす使用者はエレベーター、階段がたいへんな人はエスカレーターなど、必要に応じてホームへ行く手段を選べると、多くの人が安心して利用できます。

○ 開閉時間が長くなる

車いすのマークがついているボタンをおすと、とびらの開閉時間が長くなります。

 障害のある人が利用できることを示します。

○ 2列で止まって乗る

エスカレーターは必ず手すりにつかまり、立ち止まって乗ると、だれもが安心して使えます。

○ 鏡がついたエレベーター

とびらの対面にある鏡は、車いす使用者が後ろ向きのまま降りられるようについています。中がせまかったり混んでいたりすると、車いすを回転させることができないためです。

鏡

エレベーターを必要としている人がいます

エレベーターは、みんなが便利に使えるものです。でも、たくさんの人が使う場面では、優先順位を考えてほしいと思います。ベビーカーをおしている人や体が不自由な人、私と同じように車いすを使用している人は、エレベーターをとくに必要としています。広いエレベーターがあることが望ましいですが、階段やエスカレーターでも行ける人は、状況を見てゆずってもらえるとうれしいです。

（白井誠一朗さん）

車いすのまま乗れるエスカレーター

エレベーターがない場合、車いすに乗ったまま利用できるエスカレーターが設置されています。数段を平らにして車いすを乗せることができます。便利ですが、エレベーターより時間がかかってしまう、車いすを乗せている時はほかの人が使えない、などの課題点もあります。

写真提供：JR東日本

車いすに対応していないエスカレーターには乗れません。

Q エスカレーターは歩いてもいいの？

A 歩くと危険！手すりにつかまって乗ろう。

エスカレーターは歩いて使う人がいるので、片側を空けて乗るのがマナーだとされていました。でも、本来は立ち止まって乗るようにつくられているので、歩くと危険です。けがなどで片方の手しか使えない人は、左右どちらかの手すりしかつかめません。また小さな子どもと手をつないで横に並んで乗る人もいます。無理に追いこそうとするとぶつかって落ちてしまう危険もあります。

電車に乗る ―ホーム―

電車に安心して乗れるように、ホームには線路への転落や電車に接触するのを防ぐ工夫があります。

🔍 線路への転落を防ぐ

電車が到着した時だけ、ホームドアが開きます。視覚障害のある人や小さな子どもを連れている人も安心です。

写真提供：JR東日本

ホームドア

JR東日本・山手線のホームドア。

車両ドアの数や幅に合わせて、大きく開くホームドアもあります（東京メトロ・東西線）。

1
◀ 各停　● ●　10:05　8両
　急行　● ●　10:10　10両

1番線から～

🔍 ホームと電車のすき間をなくす

すき間や段差が大きい場合、車いす使用者は駅員がスロープをわたして乗り降りします。

すき間や段差が小さいと、車いす使用者が1人で乗り降りすることが可能です（Osaka Metro・長堀鶴見緑地線）。

🔍 ホームの内側がわかる

点字ブロック（→1巻31ページ）にはホームの内側を示す突起（内方線）がついています。視覚障害のある人はこの目印をたよりに歩いています。

内方線

点字ブロックの上に荷物を置かないで

視覚障害のある人は歩行時に方向がわからなくなることがあります。点字ブロックの上に物があったり、人がいてぶつかったりすると、ますます混乱して、場合によっては、線路側へ進んでしまうこともあります。

視覚障害のある人のホーム転落事故は、年間50件以上起きています。ホームドアが設置されることが望ましいですが、みなさんが点字ブロックをふさがないことも大切です。　　　（上薗和隆さん）

Q 危険な時はなんて声をかければいいの？

A 具体的に「白杖の人、止まって！」

もし白杖を持った人や盲導犬を連れている人が線路の方向へ歩いていたら、すぐに声をかけてください。目が見えない人は、慣れている場所でも、方向がわからなくなってしまうことがあります。「危ない！」とさけぶだけでは、だれがどのように危険なのかはわかりません。具体的に「白杖の人、止まって！」と伝えることが大切です。

白杖の人、止まって!

1人で乗れるようになるといいな

車いすで電車に乗る時は、いつも駅員さんの手を借りなければいけません。乗る時も降りる時も、電車とホームの間にスロープをかけてもらう必要があるからです。とてもありがたいですが、乗車する駅で降りる駅の駅員さんに連絡をしてから乗る場合があるので、何本か電車を見送ることもあります。それに、電車に乗ってから別の駅で降りた

くなっても、その駅にスロープを準備した駅員さんがいないと降りられないし、降りる予定の駅で駅員さんが待機しているので変更できません。ホームの高さを上げるなど、段差やすき間を小さくしている駅もあります。そのようなホームが増えて、1人で乗り降りできるようになると、外出がもっと楽しくなりそうです。　　　（白井誠一朗さん）

乗りもの

電車に乗る —優先席—

電車の中には優先席や優先スペースがあります。どのような人が必要としている場所なのでしょうか?

Q 優先席を示すマーク

優先席を必要としている人のマークがえがかれています。左から高齢者、障害のある人やけがをしている人、内部障害のある人、赤ちゃんを連れている人、妊婦さんを表します。

写真提供：JR東日本

Q 座席がない 広いスペース

車いす使用者やベビーカー、スーツケースなど大きな荷物を持っている人などに便利なスペースです。

JR東日本・山手線の車両。

Q 一目でわかる優先席

つり革や座席の色が、優先席付近だけちがうことがあります。優先席の位置をわかりやすくする工夫です。

このマーク知ってる?

周りの人の配慮が必要な場合に、そのことを知らせるマークがあります。

ハート・プラスマーク

内部障害のある人を表すマークです。内部障害は心臓や呼吸器など内臓に障害があることで、見た目ではわかりにくい障害です。

（ハート・プラスの会）

マタニティマーク

おなかに赤ちゃんがいる妊婦さんがつけます。おなかが目立たない時期は、赤ちゃんとお母さんにとって、とくに大切な時期ですが、外見からはわかりにくいです。このマークをつけている人を見たら席をゆずりましょう。

（厚生労働省）

ヘルプマーク

内部障害のある人や精神障害のある人、難病の人など、外見ではわからないけれど、配慮が必要なことを知らせるマークです。

（東京都福祉保健局）

 バリアを感じている人の声

どの席でもゆずる気持ちをもって

座りますか?

私は「ヘルプマーク」をバッグにつけています。なにかあった時に配慮が必要なことを知らせるためです。私は統合失調症という精神障害があります。人が多い場所が苦手で、とてもつかれやすく、電車で立っていることがつらい時もあります。ヘルプマークをつけて優先席以外の座席の前に立っていると、「優先席へ行ったらいいのに」という目で見られるように感じます。本来はすべての席が優先席であるという考えをもってほしいです。どこに座っていても、座席を必要としている人がいたらゆずれる人が増えるとうれしいですね。

（鷺原由佳さん）

Q 優先席は座ってはいけないの?

A 必要としている人がいたらゆずろう。

優先席に座ってはいけないというルールはありません。空いている時は座っても大丈夫。でも、必要としている人がいることを忘れないようにしましょう。優先席に座った時は、とくに周囲に目を向けます。優先席ではない座席でも、ヘルプマークなどをつけた人や高齢者を見かけたら、「どうぞ」と声をかけましょう。「せっかく声をかけたのに断られたらいやだな」と思う人もいるかもしれませんが、断られたら「大丈夫なんだな」と思って、また座ればいいのです。

電車に乗る ―車内①―

乗りもの

次の到着駅のアナウンスや運行状況のお知らせなど、電車に乗っている時にはさまざまな情報が流れています。

ドア開閉のサイン

ドアが開く直前と閉まる直前に、開閉予告灯が点滅します。チャイムも一緒に鳴るので、さまざまな人に開閉のタイミングを知らせることができます。

写真提供：JR東日本

開閉予告灯

次の停車駅をお知らせ

車内表示器では、次の停車駅の案内や運行状況のお知らせなどが流れます。

写真提供：JR東日本

JR東日本・山手線の車内表示器。

点字で乗車位置が確認できる

ドアの内側に、車両番号とドア番号の点字表示があります。視覚障害のある人が、乗った車両の位置を確認できます。

6号車1番ドア

点字で「6の1」と書いてあります。

盲導犬と一緒に乗れる

補助犬（→1巻56ページ）も電車に乗ることができます。盲導犬が電車に乗っていたら、じっと前から見たり、さわったりしてはいけません。

音声案内だけだと状況がわかりません

この電車は行き先が変更になりました

終点の駅が変わったことや、なにか注意をする車内放送が流れても、聞こえないので気づくことができません。そのまま電車に乗っていると不思議そうな目で見られたり、時にはおこられてしまったりすることもあります。聞こえない人がいることを知ってほしいです。電車が止まって動かない時は、車内表示器で情報が流れないこともあります。どのような状況なのかわからないと、とても不安です。とまどっている人がいたら、声をかけて教えてください。

（藤川太郎さん）

Q 外国人が困っていたらどうする？

A 「Do you need any help?」と言ってみよう！

Do you need any help?

日本を訪れる外国人が増えています。日本語がわからない人も多くいます。慣れない中で、電車が急に止まったりおくれたりしても、理由がわからないととても不安ですね。電車の乗り方や乗りかえにとまどう人もいます。迷っているようすだったら「Do you need any help?（なにか困っていますか？）」と声をかけてみましょう。

英語がわからない場合は、駅員や近くにいる人に助けを借ります。スマートフォンやタブレットの翻訳アプリを利用するのもよいでしょう。

情報は文字と音声で発信

さまざまな人が利用する駅や電車では、多くの人が情報を受け取れる工夫があります。日本語と外国語の車内アナウンス、日本語や外国語の表記で流れる液晶画面、絵や図で表したマークなど、ひとつの情報をいろいろな形で発信しています。

駅で見かけるピクトグラム

鉄道、鉄道の駅

きっぷ売り場、精算所

待合室、休憩所

日本に来る外国の人にもわかる表示だね！

25

電車に乗る ―車内②―

手すりの位置やつり革の高さ、車内の温度など、利用者のさまざまな希望に合わせた車両があります。どのような人のための工夫なのでしょうか？

🔍 1両だけ設定を変えた車両

「女性専用車」を設定している電車があります。女性や小さな子ども、体が不自由な人とその介助者も利用できます。混んでいても安心して乗車できる工夫です。

弱冷房車

車内の空調温度を、ほかの車両よりも高くしている「弱冷房車」の表示です。冷房が苦手な人や寒いと感じる人が、快適に乗車できます。

🔍 低いつり革

つり革の高さが低いものと高いものがあります。背が低い人や子どももつかまりやすいです。

充電ができる

新幹線や特急列車の座席にはコンセントがついた車両もあります。スマートフォンの充電や人工呼吸器の使用ができます。

🔍 支えになる手すり

座席の間に手すりがあります。高齢者や体が不自由な人が、立ち上がる時や座る時に支えになって便利です。

写真提供：JR東日本

JR東日本・山手線の車両。

冷たい視線がとてもこわいです

電車の中で、ぶつぶつとつぶやいている人を見かけたことがあるかもしれません。その人は電車に乗ることにとても緊張して、それをほぐすために、ひとり言をつぶやいているのかも。「変な人だな」という目で見られたり、あからさまにさけられたりすると傷つきます。「大丈夫だよ」と思いながら、あたたかく見守ってほしいです。「うるさい！」とどなられてしまうと、次から外に出るのがこわくなってしまいます。

（橋口亜希子さん）

Q 大きな声でひとり言を言っている人がいたらどうする？

A 声を出すことで不安を解消しているのかもしれません。

いつもとちがう場所やたくさん人がいる場所が苦手な人がいます。「ちゃんとしなくちゃ」と緊張している時に、周りの人とちがう行動をしてしまって「変な人だな」という視線を感じると、パニックになってしまうこともあります。車内で「うわー」っと大きな声をあげてしまったり、ぶつぶつとひとり言を言っていたりする人がいたら、じろじろ見ないでおだやかな気持ちで見守ることが大事です。みなさんも変な目で見られたらいやな気持ちになりますよね？

慣れない場所で緊張する…

ちゃんとしなくちゃ！！

くぼみがある座席

写真提供：JR東日本

1人分のくぼみや色分けがされた座席があります。7人が座れるサイズの座席に、きちんと7人座れるように考えられたデザインです。中途半端な位置に座ってしまい、6人しか座れない、ということがないようになっています。多くの人が座れるようにという配慮ですが、そのスペースではせますぎるという人もいます。すべての人が快適に使える空間をつくるには、どのような工夫が必要でしょうか？

コラム だれでも使いやすい工夫

みなさんは、「ユニバーサルデザイン」という言葉を知っていますか？
日常生活の中ではあまり耳にしない言葉かもしれませんが、
じつはみなさんの身の回りにはたくさんのユニバーサルデザインがあります。

●ユニバーサルデザインとは？

ユニバーサル…あらゆる人のための　デザイン…設計・工夫

→ つまり、どんな人でも使いやすい設計・工夫のこと！
年齢、性別、国籍、言語、能力や障害のあるなしなどに関係なく
あらゆる人が安心して快適に暮らすために、とても大切な考え方です。

「Universal Design」の頭文字をとって「UD」と書くよ！

●ユニバーサルデザインとバリアフリーってなにがちがうの？

「子どもや高齢者、障害者が使いやすいように工夫する」という取り組みは、ユニバーサル
デザインもバリアフリーと同じです。
この2つのちがいは、バリアフリーがもともとある建物や設備、意識や態度を改善することで、
ユニバーサルデザインはどのような人でも使いやすい工夫をすること、というところです。
これからつくるものにも、バリアフリーを目指す考え方の中にも、ユニバーサルデザインはな
くてはなりません。

●ユニバーサルデザインのルール

ユニバーサルデザインでは、「7原則」とよばれる7つの考え方で、より多くの人が使いやす
くなることを求めています。大切なのは、町や住まい、店がだれでも平等に利用できること
です。

ユニバーサルデザインの7原則

1 公平性 …だれでも公平に利用できること
2 柔軟性 …だれでも自由に利用できること
3 単純性 …使い方が簡単ですぐにわかること
4 わかりやすさ …必要な情報がすぐに理解できること
5 安全性 …うっかりミスや危険につながらないこと
6 体への負担の少なさ …よけいな力を使ったり、無理な
姿勢をとることなく、少ない力で楽に使用できること
7 スペースの確保 …だれでも使いやすい大きさや
広さが確保されていること

●ユニバーサルデザインにはどんなものがあるの？

ここからは「ユニバーサルデザインの7原則」にそって、みなさんの身近にあるUD製品や
施設を紹介していきます。

1 公平性

◀自動ドア

車いす使用者やベビーカーの利用者、重い荷物を持った人など、だれでも簡単に通ることができます。

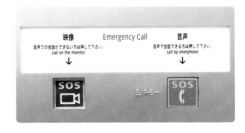

▲エレベーターの非常ボタン

非常事態を言葉で伝えられなくても、左のボタンをおすと映像で係員に状況を伝えることができます。

2 柔軟性

◀高さがちがう洗面台

車いす使用者や子どもの手が届くように、低い位置にも洗面台が設置されています。

©レイメイ藤井

▲両利き用定規

左からはじまる目盛と右からはじまる目盛がついていて、左右どちらからでも線が引きやすくなっています。

3 単純性

©ドリテック

◀赤外線体温計

体温計をわきにはさめない、耳に入れるのをいやがる赤ちゃんや高齢者でも、おでこに当てるだけで体温を計ることができます。

©花王株式会社

▲シャンプーボトルのきざみ

見えない人でも、目をつぶっていても、さわってシャンプーボトルだとわかるよう、目印がついています。

4 わかりやすさ

©モリサワ　UDフォント

手書きに近い文字で、見やすくなっています。

©森永製菓・マリー

◀おかしの箱

外箱の折りたたみ方をイラストでわかりやすく説明しています。

◀UDフォント

わかりやすく見やすい、遠くからでも読みまちがいがないように工夫された文字の形です。この本にも使用されています。

5 安全性

◀階段の線

高齢者や見えにくい人、色の区別がしにくい人にも段差がわかるように、黄色の線がついています。

区別しにくい色の例
カラー　カラー
黄色と白

区別しやすい色の例
カラー　カラー
黄色と黒

©ダイソン

◀セラミック
ファンヒーター

火を使わずに電気であたたかい風を送るため、たおれても火災やけがにつながる危険性が低くなっています。

6 体への負担の少なさ

◀センサー式蛇口

手をかざすだけで水が出るので、力を入れて蛇口のハンドルをひねる必要がありません。

▲トイレのかぎ

指1本でも回せるので、子どもや高齢者など手の力が弱い人でも楽に開閉ができます。

7 スペースの確保

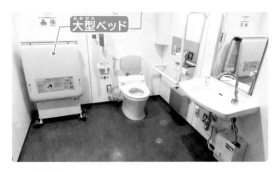

▲ 大型ベッド

広いトイレには、介助に使用される大型ベッド（→1巻38ページ）が設置されています。

▲ 駐車スペース

車いすやベビーカーから自動車へ乗り降りがしやすいように、両側のスペースが広く確保されています。

これもユニバーサルデザイン！

▲ 温水洗浄便座

今では家や商業施設のトイレでよく使われていますが、日本ではじめて販売されたころは、体が不自由な人やけがをしている人、妊婦さんのための医療機器として、病院や福祉施設で使われていました。

© キングジム

▲ デジタル耳せん

ふつうの耳せんは周りの音が聞こえなくなってしまいますが、このデジタル耳せんは人の声やアナウンス音など必要な音だけ聞こえます。ちょっとした音でも大きく聞こえて、頭痛やめまいを感じる「聴覚過敏」という症状がある人も、これをつければ外出しやすくなります。

みんなが毎日使っているものにも、「だれでも使いやすい工夫」がたくさんあるよ。どういう人にとって使いやすいのか、どんな発想でつくられたのか、調べてみよう！

バスに乗る

バスは身近な公共の乗りものです。だれもが乗りやすいように改良されていますが、車いすの乗車に時間がかかるという課題もあります。

🔍 段差がない

「ノンステップバス」といって、入り口から座席まで段差がありません。車いすやベビーカーでの乗車が簡単で、高齢者や子どもが段差につまずく心配もありません。

ノンステップバスの車内（京王電鉄バス）。

🔍 乗車口と歩道をつなぐ

車いす使用者が乗る時に、スロープをわたします。段差を少なくするため、歩道を高くつくるか、停車中に車高を低くできるバスもあります。

🔍 車いすスペース

車いすは固定していないと危険です。車内には車いすマークがついたスペースがあり、座席をたたんで車いすを固定することができます。

ベルト

ベルトで固定します。

バリアを感じている人の声

少し待ってくれるとうれしいです

車いすのままバスに乗る時は、スロープを出し、席に車いすを固定してもらう必要があります。これはすべて運転手さんの仕事です。バスは基本的に運転手さん1人しか乗っていないので、どうしても時間がかかってしまいます。バスの運行時間におくれないようにするため、車いす使用者の乗車を断ってしまうこともあるようです。少し待ったりおくれたりしても大丈夫、という考えの人が増えるとうれしいですね。

（白井誠一朗さん）

バリアを感じている人の声

バス停の位置がわかりやすくなるといいな

目が見えないので、歩道に植えこみや自転車があると、なかなかバス停にたどりつくことができません。点字ブロックで誘導しているところもありますが、音声案内が増えると助かります。まずは、歩道に置かれた障害物がなくなるといいですね。

（上薗和隆さん）

道路を走る路面電車

バスと同じように、路面電車が市民の移動手段となっている地域もあります。車両の床が低く、停留所との高低差が少ない「超低床路面電車」は、車いす使用者やベビーカーの利用者、高齢者にやさしい車両です。

停留所との段差がほとんどありません（広島電鉄）。

乗りもの

タクシーに乗る

だれもが乗りやすい工夫がされている「ユニバーサルデザイン（UD）タクシー」があります。運賃は一般のタクシーと同じです。

UDタクシー認定マーク

だれもが乗りやすい車両として、国が認定する制度があります。2段階のレベルがあり、認定された車両にはマークがついています。

 レベル1（★）は、車体の高さが乗り降りしやすく、スロープが備えられているなどの条件を満たしている車両。

 レベル2（★★）は、スロープの角度がゆるやかであることなど、レベル1よりも車いす使用者が乗りやすい車両。

乗り降りしやすい

後部座席の乗り口にはつり革や手すりがあり、高齢者や子どもも乗り降りしやすくなっています。

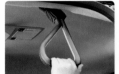

色の区別がしにくい人も見やすいように、黄色の線がついています。

車いすのまま乗れる

後部の座席を折りたたむと、車いすが入ります。スロープを使って車いすに乗ったままの乗車が可能です。

トヨタ自動車のUDタクシー「JPN TAXI」。

後ろから乗るUDタクシー

34ページのタクシーのように、横のドアから乗る場合、歩道や十分な道幅がないとスロープを設置することができません。そこで、後ろのドアから乗れるUDタクシーもあります。車内が広く、大型の車いすでも乗れます。後部座席に同伴者と一緒に乗ることもできます。

日産自動車のUDタクシー「NV200タクシー ユニバーサルデザイン」。

 バリアを感じている人の声

タクシーが止まったことに気づけない…

道でタクシーを拾う時に、目が見えないのでタクシーが止まったことに気づけない場合があります。乗らないのだとかんちがいされてそのまま行ってしまったり、別の人が乗ってしまったりすることもありました。ですので、周りにいる人はタクシーを拾うのを手伝ってほしいです。そして、運転手さんは「乗りますか?」など声をかけてくれるといいのに、と思います。

（上薗和隆さん）

子育て支援のタクシー

子どもや保護者、妊婦さんのための「子育てタクシー®」があります。子どもの救命救急などを学び、全国子育てタクシー協会が認定した運転手が乗車しています。小さな子どもを連れていて荷物が多い時、陣痛時の移動や保護者が送迎できない時の代わりなどに利用できます。

チャイルドシートもつけてもらえます。

「子育てタクシー」はこのマークがつけられています。

＊「子育てタクシー」の名称およびロゴマークは、一般社団法人全国子育てタクシー協会の登録商標です。

飛行機に乗る ―空港―

世界中から人が集まる空港では、日本語や英語がわからない人も多く利用します。外国人や体が不自由な人にもやさしい工夫を探してみましょう。

一目でわかる案内表示

案内が絵やピクトグラムで表示されていると、見ただけでわかります。

到着

手荷物受取所

機内へ楽に移動

小型旅客機に乗る時は、駐機場を歩いて階段をのぼることが多いです。だれでも楽に乗れるように、小型旅客機に接続できる搭乗橋もあります。

小型旅客機に対応している宮崎空港（宮崎県）の搭乗橋。

広い空間

大きな荷物を持っている人が多いので、通路やロビーはひろびろとした空間になっています。ほとんど段差もありません。

成田国際空港（千葉県）の第1ターミナルのようす。

高さがちがうカウンター

車いす使用者や子どもでも利用しやすいように、低いカウンターがあります。

Q 言葉が通じない時は？

指差しで会話ができます。
（全国知的障害養護学校長会・財団
法人明治安田こころの健康財団）

A コミュニケーション支援ボードを使ってみましょう。

言葉の壁がある場合は、絵やジェスチャーで伝えてみましょう。空港や駅、交番、役所などには「コミュニケーション支援ボード」が用意されています。絵や外国語で書かれているので、指をさせば会話ができます。日本語がわからない人だけではなく、聞こえない人、声が出せない人などと会話をする時にも活躍します。

下は、成田国際空港で使用している「問い合わせシート」。

バリアを感じている人の声

空港はいろいろな人にやさしい場所

外国から来た人、大きな荷物を持っている人、小さな子どもを連れている人など、空港にはさまざまな人が集まります。スーツケースを運びやすいように、段差が少なかったり通路が広かったりするので、車いすに乗っていてもあまり不便を感じません。
飛行機に乗る時は自分の車いすを預けて、空港用の車いすに乗りかえます。予約の時に車いすであることやサポートが必要なことを伝えておきますが、空港のチェックインカウンターでも同じ確認があるので、少しめんどうに感じます。　（白井誠一朗さん）

事前に確認！ ガイドブック

発達障害のある人は、はじめての場所や慣れない空間が苦手です。そこで、空港や飛行機での過ごし方を予習できる「ガイドブック」があります。写真やイラストで、どのような場所でどんなことをするのかを解説しています。

全日本空輸（ANA）の「そらぱすブック」。

成田国際空港の空港予習冊子。

飛行機に乗る ー機内ー

客室乗務員が乗客ひとりひとりに合わせて接客をしています。ここでは全日本空輸（ANA）の機内サービスを見てみましょう。

車いす使用者も使えるトイレ

機内用車いすで利用できるトイレを備えた機種もあります。車いすごと入れる広さがあり、乗り移りしやすいように手すりがついています。

おむつ交換台があるトイレ。機種ごとに形が異なり、写真は B 777-300ER です。

多言語に対応

言葉がわからない人や聞こえない人が理解できるように、電子版のコミュニケーション支援ボード（→37ページ）を用意しています。

絵やさまざまな言語で表示されます。

機内用車いす

せまい通路でも通れる車いすを用意しています。体が不自由な人が座席から乗り降りしやすいように、座席のひじかけが上がるようになっています。

同じように接してくれるのがうれしい

飛行機に乗る時、事前に統合失調症であることを知らせたことがあります。客室乗務員さんは「気になることや不安なことがあれば言ってください」と声をかけてくれて、ほかの乗客に接する態度と変わらずに対応してくれました。精神障害に対して、この時の客室乗務員さんのように、誤解や偏見のないように接してほしいです。

（鷺原由佳さん）

 赤ちゃんが泣いていたらどうする？

A やさしく見守ろう。

飛行機や新幹線など、閉じこめられた空間で赤ちゃんが泣き出してしまうことはよくあります。気圧の変化で耳が痛くなって泣いているのかもしれません。「うるさいな」と思う人もいるでしょう。でも赤ちゃんは泣くことで自分の気持ちを表現しています。もし近くの席だったら「こわくないよ、大丈夫だよ」と伝えるように、やさしく笑いかけてあげましょう。

特別メニューの機内食

国際線の機内食サービスでは、事前（24〜48時間前まで）に予約をすれば、アレルギーや宗教などに配慮された機内食に変更することができます。

0〜1歳向けの離乳食。

ぶた肉やアルコールなどを使わないイスラム教徒用。

脂肪分が少ない赤身肉を使った糖尿病対応。

肉や魚を使わないベジタリアン用。

いろいろな国のバリアフリー

イギリスでは2012年のロンドンオリンピック・パラリンピック大会の開催のために、
バリアフリー化の意識が高まりました。そのほか、各国の工夫を見てみましょう。

電車やバスのようす

イギリスには、ホームとの間にすき間や段差がほとんどない電車があります。

イギリスには、ドアが開くと自動でスロープが出てくるバスもあります。

ホームに駅員がいない駅では、周りの乗客が声をかけあって
車いすを持ち上げる姿をよく見かけるよ。ヨーロッパやアメリカでは、
気軽に「手伝いましょうか?」と聞く習慣があるんだって!

オーストラリアの電車は座席が折りたたみ式で、車いすやベビーカーが置きやすくなっています。

自転車を使う人が多いデンマークでは、座席をたたんだスペースに自転車も置けるようになっています。

海外では、車いすやベビーカーの人だけでなく、
だれもが気がねなく利用できるようにする
ユニバーサルデザイン（→28ページ）の考え方が広まっているよ!

歩きやすい道

横断歩道をわたる時、歩道から車道へおりる段差が車いすやベビーカーにはバリアになります。ポーランドやオランダなどでは、車道の高さを歩道に合わせて上げて、段差をなくしているところがあります。

ポーランドの横断歩道。

身近なものの工夫

カナダの紙幣には、見えない人もさわっただけで金額がわかるように点字がついています。うすい紙では点字がつぶれてしまうので、紙幣はプラスチックでつくられています。

点字

仕事がしやすい環境づくり

障害者だからと職種を限られることなく、やりたい仕事に積極的に挑戦できる環境づくりをしている国がたくさんあります。

オフィスで仕事をする車いすのビジネスマン（ヨーロッパ）。

公園で観光客に案内をする車いすのガイド（ドイツ）。

障害のあるなしにかかわらず友だちや仲間として一緒に過ごすための工夫を、みんなで考えよう！

おでかけ

映画を見る

大きなスクリーンや音響設備が整った映画館で見る映画は、迫力を感じてより楽しむことができますね。だれでも楽しめるための工夫を見てみましょう。

🔍 字幕が見える

「UDCast」というアプリケーションを使って、聞こえない人のために、めがねの端末などに字幕ガイドを表示させることができます。

字幕が見えるめがね端末。

スクリーンの前に字幕がうかび上がる。

「字幕ガイド」に対応していることを表すマーク。

🔍 車いすのまま入れる

映画のチケットを予約する時に、車いすスペースが予約できる映画館が増えています。

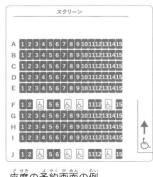

座席の予約画面の例。

🔍 情報を言葉で説明

「UDCast」には、視覚障害のある人のための音声ガイドもあります。人物の表情や場面の状況などをナレーションで説明します。

「音声ガイド」に対応していることを表すマーク。

対応がよいと気持ちよく過ごせます

大きな映画館はバリアフリーに対応している施設が多い印象です。目が見えないので、スタッフの人が席まで案内してくれます。音声ガイドがついている映画が増えてきたので、以前よりも映画館へ行く機会が増えました。一般公開日よりも後に音声ガイドが対応することもあるので、できるだけ同時公開だとうれしいです。見えなくても、聞こえなくても、同じ映画を同じ時間に楽しめる機会が増えるといいですね。

（三宅 隆さん）

Q 日本語字幕とバリアフリー字幕のちがいは？

A せりふ以外も文字で流れます。

字幕というと、外国語の映画についているイメージですが、日本語の映画に日本語の字幕がつくものがあります。聞こえない人、聞こえにくい人も映像を楽しめるように、せりふだけでなく場面の状況や効果音などの情報が文字で流れます。DVDや配信映像にもつくことがあります。

小さな子どもと一緒に見られる

映画館では、大きな声を出さずに静かに席に座っていることがマナーです。しかし、小さな子どもはじっと座っていることができないこともあります。そこで、親子で気がねなく楽しめるように、小さな子どもに配慮した上映会が開催されています。こわくないように照明が明るめだったり、音響がひかえめに調整されていたりします。親子で鑑賞することが前提なので、子どもの泣き声で周りに迷惑をかけてしまう、という心配がありません。

MOVIXの「ほっとママシネマ」のようす。スクリーンの前に遊べるスペースが設置されています。

コンサート会場へ行く

歌や楽器の演奏を楽しむコンサートでは、音が聞こえなくても音楽を楽しめるような工夫があります。

🔍 音を聞きやすくする

特定の音を聞き取りやすくする「ヒアリングループ」という装置があります。聞こえにくい人が、補聴器や専用の受信機を使うと、目的の音だけがよく聞こえるようになります。

ヒアリングループのしくみ。アンテナ線の内側では、マイクを通した音声を受信機や補聴器で聞くことができます。

ヒアリングループが設置されていることを表すマーク。
（全日本難聴者・中途失聴者団体連合会）

🔍 音を振動で楽しむ

音を振動に変える「ボディソニック」を使うと、聞こえない人もリズムや音の強弱を楽しむことができます。振動が感じやすくつくられた「抱っこスピーカー」もあります。

ボディソニック。振動装置が入っているクッションとポーチで音の振動を感じます。

抱っこスピーカー。スピーカーから流れる音の振動を体で感じることができます。

聞こえなくても音楽を楽しんでいます

聞こえないからと、コンサートにさそうのをためらう人もいるかもしれません。でも、会場の雰囲気を味わったり、音の振動を体で感じたりして一緒に楽しむことができます。聞こえなくても、音楽を聞いたりコンサート会場へ行ったりすることが大好きな人もいます。最初からさそわないのではなく、声をかけてくれたらうれしいですね。

（藤川太郎さん）

舞台の字幕ガイド

演劇などの舞台上演には「字幕つき」のものがあります。舞台上に設置されたスクリーンに、せりふや歌詞などが表示されます。小型のモニターを使って、字幕を見たい人だけが見られるようにしていることもあります。聞こえない人だけではなく、せりふをよく知りたい人や日本語がわからない外国の人にも便利です。

舞台の左右に設置された字幕用スクリーン。

それぞれの席で字幕が見られる小型モニター。（歌舞伎座・東京都）

写真提供：イヤホンガイド

Q バリアフリーコンサートってなに？

A だれもが一緒に楽しめる音楽会です。

コンサート会場へ足を運びにくいと感じている、車いす使用者や聞こえない人も来場しやすいように工夫されたコンサートを「バリアフリーコンサート」といいます。44ページの工夫のほかに、車いす席を増やしたり、手話言語通訳の人が入ったりします。障害のある人だけでなく、どんな人でも楽しめるコンサートです。

「ボディソニック」をつくっているパイオニアという会社は、定期的にバリアフリーコンサートを開催しています。写真は、手話言語を使って一緒に歌っているところです。

美術館へ行く

さわれる絵や彫刻などが展示されている美術館や博物館、生き物を近くで見られる動物園や水族館があります。

作品の説明をする

目が見えない人が作品を楽しめるように、解説員がえがかれているものや色を説明します。イヤホンによる音声ガイドもあります。

耳のあなをふさがずに、骨に振動を伝えて音が聞ける「骨伝導イヤホン」があります。音声ガイドを聞きながら、周囲の音も聞こえるので安全です。

スロープやエレベーター

作品を見る順路が決められた美術館もあります。順路にスロープやエレベーターがあると、車いすやベビーカーでも移動が簡単です。

絵のサイズは…

向かって右側にリンゴがえがかれていて…

さわれる作品

彫刻などの立体的な作品をさわって鑑賞できます。有名な絵画をうきぼりで再現した展示もあります。

日本点字図書館（東京都）付属の「ふれる博物館」にある、レオナルド・ダ・ヴィンチ『最後の晩餐』のうきぼり。

制作／アンテロス美術館（イタリア）　所蔵／大内 進

同じ順路で一緒に回れるといいな

水族館へ行った時、エレベーターに乗るためには順路を外れなければいけないことがありました。順番どおりに展示を見られないことも残念ですし、一緒に来た友人と別のルートになってしまうこともあります。順路がある博物館や水族館などでは、一般のルートとほとんど変わらずに移動できるような設備になっているとうれしいですね。

（白井誠一朗さん）

Q 音声ガイドはなにが流れるの？

A 作品の構成や作者の情報などを伝えます。

視覚障害のある人のための音声ガイドでは、作品の大きさや配色、構図などを言葉で伝えています。美術館などで貸し出しされている音声ガイドは、作品の背景を深く知るための情報が流れるので、視覚障害のある人のための音声ガイドとは別のものです。

絵の中心にこちらを向いた女性がいます。髪は長く…

動物園の見やすい工夫

北海道にある旭山動物園には、車いす使用者が優先で見ることができるスペースがあります。動物が見やすい場所に設けてあり、周りの人にもわかりやすいように案内が書いてあります。動物園には坂や段差もありますが、車いすやベビーカーでも移動しやすいスロープやエレベーターを設置して、バリアを少なくしています。

車いす使用者優先スペースの案内。

テーマパークで遊ぶ

©Disney

千葉県にある東京ディズニーリゾート®には、訪れたすべての人が楽しい時間を過ごせるような工夫がたくさんあります。

🔍 車いすのまま楽しめる

スロープを使ったり、車いすを固定させたりして、楽しめるアトラクションやショーがあります。

「ジャスミンのフライングカーペット」というアトラクションは、同伴者と一緒に乗ることができます。

「魅惑のチキルーム」というアトラクションでは、車いすスペースでショーを鑑賞できます。

🔍 字幕や音声ガイドが流れる

一部のアトラクションや施設で流れる音楽や歌詞、せりふが字幕で表示される、「ディズニーハンディーガイド」です。現在地や周りの施設情報を教えてくれる音声ガイドの役割もあります。

ディズニーハンディーガイドで音声ガイドを聞いているようす。

🔍 さわってわかるエリアマップ

パーク内の地図を立体的に表した触地図です。音声で説明が流れるものもあります。

見えない人だけでなく、車いす使用者や子どもにも届く高さにつくられています。

字幕や同時手話言語通訳がうれしい

ディズニーハンディーガイドの字幕ガイドを使っているようす。

東京ディズニーリゾートでは、ディズニーハンディーガイドの貸し出しがあります。一部のアトラクションやショーに対応していて、せりふや歌詞を自動で表示してくれるモバイル機器です。さらに、東京ディズニーシー®の「タートル・トーク」というアトラクションでは、手話言語通訳のキャスト（スタッフ）が、キャラクターとの会話を手話言語で同時通訳してくれます。

（藤川太郎さん）

だれもが楽しめる「夢の国」

東京ディズニーランド®と東京ディズニーシーでは、「夢のような時間を過ごしてもらいたい」という思いでキャスト（スタッフ）が対応しています。48ページで紹介したもののほかにも、さまざまなバリアフリーの工夫があります。

アトラクションの乗りものやキャラクターの模型（スケールモデル）。視覚障害のある人もキャラクターがどのような姿をしているのか、さわって想像することができます。

| アトラクション　エンターテイメント施設　キャラクターグリーティング施設一覧 |

東京ディズニーランド

（表）

パーク内の施設やサービスについて事前に確認できる「インフォメーションブック」は公式ウェブサイトからダウンロードできます。アトラクションの特殊効果の案内もあり、暗い場所や大きな音などが苦手な人は、事前に情報を得ることができます。

貸し出し用の車いすやベビーカー（有料）が用意されています。

ホテルにとまる

ホテルや旅館は、いつもとはちがう雰囲気を味わえる特別な場所です。スタッフの対応だけではなく、設備にも工夫がされています。

🔍 さわってわかる ルームナンバー

部屋番号がうき出し文字になっていると、視覚障害のある人にも自分の部屋がわかりやすいです。

ルームナンバーがうき出ています。

🔍 一目でわかる スイッチ

ホテルの電源スイッチにピクトグラムがかかれていれば、外国人でもわかりやすいです。

🔍 車いすでも 過ごしやすい

車いすが通るためには、出入り口や通路の幅は80cm以上必要です。部屋の中にも方向転換できるスペースがあり、段差がなければ、快適に過ごすことができます。

🔍 タブレットで コミュニケーション

聞こえない、話せないなど、電話でのコミュニケーションが難しい場合は、タブレットを使って文字で会話をします。

バリアを感じている人の声

予約の時に部屋の情報がわかると助かります

車いすを使っていると、ドア幅や部屋の中の配置がとても重要です。出入り口の幅が足りていても、ドアストッパーがじゃまで入れない、ということもありました。部屋に入ってからも、方向転換ができないと、一方を向いたまま動くことができません。ですので、ベッドやテーブルの配置も確認する必要があります。ホテルのホームページで部屋の写真やサイズが見られると、予約をする時にとても便利です。　　（白井誠一朗さん）

バリアを感じている人の声

ホテルの食事も楽しみたいです

旅行や宿泊をする時、楽しみのひとつは食事です。最近のホテルでは、好きなものを選んで食べることができるビュッフェ形式の朝食がよくあります。しかし、目が見えないとなにが並んでいるのかわからないので、スタッフの方の手助けが必要です。また、食べ物を持って歩くと、人とぶつかってしまった時に大変です。ビュッフェ形式はさけるようにしていますが、スタッフの人にサポートしてもらえれば楽しみたいです。　　（鷹林智子さん）

ユニバーサルルーム

京王プラザホテル（東京都新宿区）では、どんな人でも利用がしやすい「ユニバーサルルーム」を設置しています。車いすで利用しやすいように、家具の高さや部屋の広さが考えられています。利用する人によって、手すりや台などの取り付け、タブレットの貸し出しなどにも対応しています。

ユニバーサルルームのようす。

視覚障害のある人のために、シャンプーボトルに輪ゴムをつけて、区別します。

おでかけ

スポーツを見る

競技場に行って、実際にスポーツを見ると迫力満点です。応援をする声や音楽など、熱狂を感じることもできます。

🔍 車いすスペース

車いす使用者とその介助者が一緒に観戦できるように、車いすスペースの横に席が設けてあります。前列の人が立ちあがっても視界がさえぎられないように段差がつけられています。

国立競技場（東京都）の車いすスペース。

🔍 席までの案内

広い競技場では、自分の座席を探すのが大変です。案内係の人が席まで誘導してくれます。

🔍 落ち着けるスペース

たくさんの人や音、光などにつかれてしまったら休める場所です。音や光、人の視線をさえぎって、気持ちを落ち着かせる、カームダウン・クールダウンのエリアもあります。

🔍 静かに観戦できる部屋

大きな音や大人数が苦手な人は、観客席から仕切られた「センサリールーム」で、自分のペースで応援することができます。

©J.league
2019年7月に等々力競技場（神奈川県）に1日だけ設置されたセンサリールームのようす。

スポーツ観戦をしたいけど、大きな音が苦手

サッカーが大好きで、あこがれの選手を応援しに競技場へ行きたいと思っていても、慣れない環境や大きな音が苦手で、なかなか行くことができない人もいます。みんなで声を合わせて応援するのも楽しいですが、応援の仕方は人それぞれですよね。周りの音や人を気にしないで楽しむスペースができるといいと思います。　　　　　　　　　（橋口亜希子さん）

センサリールーム

音をさえぎるイヤーマフ。

カームダウン・クールダウンを表すピクトグラム。（→1巻16ページ）

センサリールームは、感覚過敏によって音や光、人混みが苦手な人でも安心して過ごせるように、一般の観客席とは区切られて防音になった部屋です。一緒にカームダウン・クールダウンのエリアが設置されていることもあります。イギリスのプレミアリーグ（サッカー）やアメリカのメジャーリーグ（野球）の競技場では、センサリールームの導入が進んでいます。さらに、イヤーマフなど刺激をおさえるグッズも配付されます。

競技場への道のりもバリアフリーに

新しい施設だとエレベーターやスロープが必ず設置されていたり、使いやすいトイレになっていたりと、利用がしやすくなっています。でも、そこへ行くまでの道や乗りものすべてにバリアがなくならないと、出かけることのハードルが高いままです。
バリアフリーはひとつひとつの設備で考えるのも大事ですが、すべてがつながっていくと本当のバリアフリーになると思います。　　　　　　（白井誠一朗さん）

53

知ってる？ パラスポーツ

障害のある人も楽しめるようにルールや用具を工夫しているスポーツを
「パラスポーツ」とよんでいます。

パラスポーツ選手のあこがれ！

世界最大のパラスポーツ国際大会「パラリンピック」

夏と冬それぞれ4年に1度、オリンピックが終わった後に同じ都市で開催されます。水泳やマラソン、柔道、卓球などオリンピックと同じ競技だけでなく、パラリンピックにしかない独自の競技もあります。

戦術とテクニックで
"ジャック"をねらえ！

ボッチャ

ジャックボール

「ジャックボール」とよばれる白いボールに向かって、先攻が赤いボールを、後攻が青いボールを6球ずつ交互に投げたり転がしたりして、よりジャックボールに近づけたほうが勝ちになります。
相手チームのボールをはじき飛ばしたり、自分のボールをジャックボールに当てて相手のボールから遠ざけたりすると一発逆転のチャンスがあるので、最後の1投まで目がはなせません。

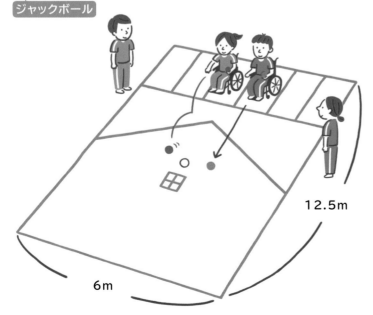

12.5m

6m

ランプ

手でボールを投げることができない選手は、ボールをけったり、「ランプ」とよばれる補助具でボールを転がします。

シッティングバレーボール

床におしりをつけたまま座って戦うバレーボールです。サーブ、レシーブ、トス、ブロックなど基本的なプレーは通常のバレーボールと同じですが、コートのサイズは小さく、ネットの高さも低くなっています。

ネットの高さ 男子：115cm／女子：105cm

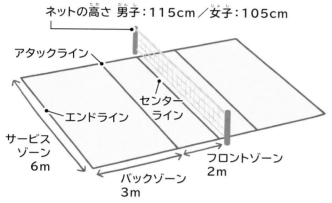

アタックライン
センターライン
エンドライン
サービスゾーン
6m
バックゾーン
3m
フロントゾーン
2m

コートがせまい分、チームワークと正確な技術がとても重要になります。

車いすカーリング

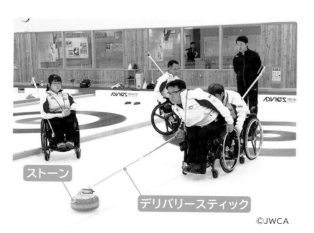

ストーン
デリバリースティック
©JWCA

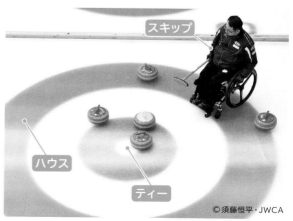

スキップ
ハウス
ティー
©須藤恒平・JWCA

4人ずつの男女混合チームで戦います。指示役（スキップ）の選手は、ティーとよばれる位置の近くで、ストーンを投げる方向や強さを投球者に指示します。投球者はハウスに向かってデリバリースティックでストーンをすべらせ、ティーにより近づけたチームに得点が入ります。

アイスホッケー

©JPIHA

©JPIHA

時には選手どうしが激しくぶつかり合って転んでしまうこともあります。スピード感と迫力満点です。

パック

スレッジとスティック

フレーム

スレッジには足を守るフレームがついています。

ピック

選手は「スレッジ」とよばれるソリに乗って、ピックのついた2本のスティックで氷をこぐように移動します。フィールドプレーヤー5人とゴールキーパー1人が円盤型のパックをパスでつないで、相手のゴールにシュートして点を取り合います。

パラリンピック以外の障害者スポーツ大会

デフリンピック

聞こえない人自身が運営する、聞こえない人のための国際スポーツ大会です。4年に1度開催され、競技ルールは聞こえる人のルールと変わりません。参加者はいろいろな国の人たちどうしで、国際手話でコミュニケーションをとって交流を深めます。

陸上競技や水泳競技では、聞こえない選手にはスタートの合図の音が聞こえないので、「スタートランプ」という、光でタイミングを知らせる器具を使用します。

スタートランプ

赤：位置について

黄：よーい

白：スタート

スペシャルオリンピックス大会

知的障害のある人たちが参加できる国際スポーツ大会です。順位だけでなく、最後まで競技をやり終えたことに対して、すべてのアスリートをたたえる「全員表彰」があります。

パラスポーツを体験しよう！

パラリンピックの種目にはなっていないパラスポーツは、ほかにもたくさんあります。
ルールを覚えて一緒に遊んでみましょう。

ペガーボール

■用意するもの

ポンチョ…投げたボールが簡単にくっつく、専用のものを使います。
ボール…ポンチョにくっつきやすく、やわらかい素材のもの。40個用意します。

■ルール

＊1チーム5人、2チームずつ対戦します。プレーヤーの人数や年齢、身体能力に合わせ、ルールを調整することもできます。

1. 先攻チームはボールを持ってコートの自陣ボックスに入ります。後攻チームからペガー（オニ）を1人選び、ペガーはポンチョを着て反対側の自陣ボックスに入ります。

2. スタートの合図で、先攻チームは逃げ回るペガーのポンチョに向かってボールを投げ、20秒間で何個くっつけられるかを競います。先攻、後攻それぞれ20秒ずつで1セット、最大5セットの合計点または3セット先取で勝敗が決まります。

後攻チーム

自陣ボックス

20m

20m

自陣
ボックス

障害者フライングディスク

公式大会ではファーストバックモデル（右のディスク）を使用します。

■用意するもの

フライングディスク…公式サイズは直径23.5cm、重さ100g（前後5g）。市販のもので代用もできます。

■ルール

飛距離を競う「ディスタンス」と、正確性を競う「アキュラシー」の2つの競技があります。「ディスタンス競技」は、1組最大8人の選手がディスクを3枚ずつ投げて遠くに飛ばせた人から順位がつきます。前方180度どの方向に投げてもよいです。

サウンドテーブルテニス

■用意するもの

卓球台…ボールが落ちないように、高さ1.5cmの
エンドフレームとサイドフレームをつけます。

ネット…ネットの下をボールが通れるように、高さを
4.2cm上げて設置します。

ボール…金属の球が4つ入っている、専用のものを用意します。

ラケット…打った音がわかるように、ラバーをはっていない木製のものを使います。

アイマスク…視覚障害の程度によって見え方にちがいが出ないよう、アイマスクを着用します。

■ルール

＊音が鳴るボールをネットの下で転がして打ち合います。1セット11点で、
5セットマッチ。3セット先取したほうが勝ちとなります。

1. 審判の「プレー」という合図から10秒以内に、サーブを打つ人は「いきます」
と声を出し、レシーバーが「はい」とこたえたらサーブを打ちます。

2. ボールの中の金属球の音をたよりに打ち返してラリーを続けます。
相手のラケットにふれる前にエンドフレームに当たれば1点が入ります。

ふうせんバレーボール

■用意するもの

風船…割れにくい素材の風船の中に鈴を2つ
入れて直径40cmにふくらませます。

コート…バドミントン用のコートとネットを使い
ます。

■ルール

＊試合時間は15分、15点を先に取ったほう
が勝ちとなります。15分経ってもどちらも15
点取っていなければ、多く点を取っていたチー
ムの勝ちとなります。

1. 6人ずつ2チームに分かれ、じゃんけんなど
でサーブ権を決めます。どちらのチームが点を
取っても、サーブは交互に行います。

2. サーブを打つ人はサービスラインの後ろか

ら風船を打ち、相手コートに入れます。サーブ
は1回失敗しても、もう1回打つことができます。

3. 風船が自分のチームのコートに入ったら、
10回以内に全員1回ずつ風船にさわり、相手
コートにボールを返します。床に風船が落ちて
しまうと相手の点になります。また、1人が連
続で2回風船にさわったり、全員がさわる前に
相手コートに返してしまっても相手の得点にな
ります。

キンボールスポーツ

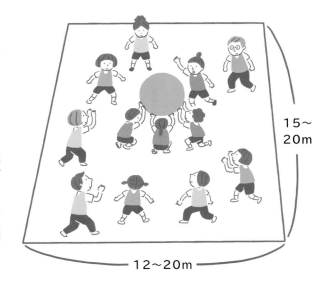

15～
20m

12～20m

■用意するもの

コート…場所は体育館など広いスペースが必要です。コートのサイズは12～20m×15～20m。正方形でなくても遊べます。

ボール…直径122cm、重さ約1kgの大きくて軽く、やわらかい「キンボール」を使います。

ゼッケン…4人×3チームで対戦するので、4枚×3色を用意します。

スコアボード…3チームの点数をカウントできるもの。なければホワイトボードなどでも代用できます。

■ルール

＊1ゲーム7分間行います。プレーヤーの人数や年齢によっては試合時間やセット数を調整することもできます。

1. 4人ずつ3チームに分かれ、じゃんけんでヒット（サーブ）をするチームを決めます。

2. ヒットチームのサーブを打つヒッター以外はコートの真ん中でボールを支えます。ほかの2チームは、各チーム全員でコート内すべてを守れるようにそれぞれ守備につきます。

3. ヒッターは「オムニキン！」と大きな声で言ったあとに、ボールをわたしたいチームの名前やゼッケンの色をコールして、上半身を使ってボールをヒットします。ヒットする時は、ヒットチームの全員がボールにさわっていなければいけません。

4. ヒッターにコールされたチームは、全身を使ってボールが地面に落ちないようにレシーブをします。レシーブできたら、ボールを持って走ったり仲間にパスをしてつなぎ、3と同じようにヒットして、ほかのチームにボールを回します。

「オムニキン」とは
「みんなで楽しみましょう！」
という意味のかけ声です

オムニキン！

ヒットされたボールを足や手などを使ってレシーブする。

5. 3チームのうちどこかのチームがボールを床に落とすまで3と4をくり返します。ボールが落ちてしまったら、ほかの2チームにそれぞれ1点ずつ入り、得点が多いチームが勝ちます。

先生、保護者のみなさんへ　東洋大学名誉教授 髙橋儀平

「心のバリアフリー」という言葉は、いつごろから日本の社会で使われはじめたのでしょうか。

1964年の東京パラリンピック大会の時には、日本赤十字語学奉仕団（学生主体）がボランティアで大活躍しました。その余韻が抜けない1969年に、仙台で1人の車いす使用者とその仲間によるバリアフリーのまちづくり運動が生まれました。市民がその行動を支援し、「みんなのまちづくり」を掲げていました。彼らは「障害のある人にとって住みやすいまちは誰にとっても住みやすいまちである」、つまり今日のユニバーサルなまちづくり、共生社会を活動理念としていました。

1981年は国連が掲げた国際障害者年でした。「障害者の完全参加と平等」が掲げられました。しかしこの時代、日本では障害者を社会の差別や偏見から守るために、人里離れた山村部に障害者施設を建設するという政策が取られました。国際障害者年では、障害者を社会から締め出す社会は弱くもろい社会である、というノーマライゼーション（標準化、平常化）の考え方が日本に到達し、ようやく駅やバス、公共施設、住宅のバリアフリー化が日本で動きだしたのです。

ところがハード面は良くなってきましたが、市民の意識は依然として変わりません。時代は進み2006年、国連で障害者権利条約が発効しました。権利条約では「障害」は本人の側ではなく、社会の側が生み出していることを明確にしました。社会がつくり出したバリアを無くすこと、これ以上生み出さないことが国際的な合意事項となったのです。この時期に日本では市民の差別や偏見意識を取り除く行動を「心のバリアフリー」とよびました。2013年に制定された障害者差別解消法、2018年に改正されたバリアフリー法は、社会環境にあるハードやソフトのバリアの禁止や除去を重要な目標に掲げています。バリアフリー法第1条の2には次のように記されています。

「この法律に基づく措置は、高齢者、障害者等にとって日常（新設）生活又は社会生活を営む上で障壁となるような社会における事物、制度、慣行、観念その他一切のものの除去に資すること及び全ての国民が年齢、障害の有無その他の事情によって分け隔てられることなく共生する社会の実現に資することを旨として、行われなければならない。」

以上のように、心のバリアフリーは様々な屈折を経て誕生しました。建物や交通機関の物理的バリアをはじめ、すべてのバリアは私たち大人の「心」によってつくられてきたのです。心のバリアフリーの行動はまだはじまったばかりです。児童ひとりひとりの尊厳を認め合い、社会に存在するバリアを、学校、保護者、地域が手を携えて解消しましょう。子どもたちの未来のために！

知っておきたい用語

この本の中に出てきた言葉やバリアフリーに関する用語の解説をします。

障害の社会モデル

困難な状況を引き起こすのは、その人に障害があるからではなく、社会や周りの環境に原因があるという考え方。2006年に国際連合で「障害者権利条約」が結ばれている。

合理的配慮

障害のある人から、日常生活のさまたげになっているバリアを取り除くよう要望があった時には、大きすぎる負担がない範囲で対応すること。障害者差別解消法で求められている。この法律では、身体障害、知的障害、発達障害、精神障害、そのほかの心や体の働きに障害がある人が対象となっている。

不当な差別的取扱い

障害のある人に対して、障害を理由にサービスの提供を拒否したり制限したりすること。これらは障害者差別解消法で禁止されている。

発達障害

生まれつき脳の一部の機能に障害があること。興味のあることがかたよったり、人と話すのが苦手だったりする「自閉症スペクトラム障害」、集中力がなく衝動的に行動してしまう「注意欠陥・多動性障害（ADHD）」、読み書きや計算などが苦手な「学習障害（LD）」などをふくみ、これらが重複することもある。

LGBT

性的少数者の総称のひとつ。性には「体の性」「心の性（性自認）」「好きになる相手の性（性的指向）」がある。レズビアン（L）、ゲイ（G）、バイセクシャル（B）、トランスジェンダー（T）を含めてLGBTとよばれる。
LGBTに性的少数者全般を表す「クィア（Q）」をつけた「LGBTQ」と表記することもある。心の性が男女どちらかわからない（決めない）「Xジェンダー」、好きになる性をもたない「アセクシュアル（無性愛者）」など、LGBTにあてはまらない、多様な人びとをふくむ。

障害者手帳

身体障害、知的障害、精神障害のために日常生活が困難な人に発行される。障害者手帳を持つことで、公共施設や交通機関の利用が割引になるなど、さまざまなサービスが受けられる。

身体障害者手帳

障害者手帳のひとつ。身体障害者福祉法にもとづいて、聴覚障害や視覚障害、肢体不自由、内部障害などが対象。障害の程度によって1級から7級に分けられているが、発行の対象は6級まで。

精神障害者保健福祉手帳

障害者手帳のひとつ。精神保健福祉法にもとづいて、統合失調症やうつ病、発達障害や知的障害などが対象。障害の程度によって1級から3級に分けられる。

療育手帳

障害者手帳のひとつ。知的障害のある人に発行される。障害の程度の基準は各都道府県によって異なる。

さくいん

1巻「身近な場所編」と2巻「おでかけ編」に出てくるバリアフリーに関する用語を取り上げています。

①は1巻、②は2巻のページを表します。
青い数字は、くわしい解説をしているページです。

監修

髙橋儀平（たかはし・ぎへい）

東洋大学名誉教授、一級建築士、工学博士、東京都福祉の
まちづくり推進協議会会長。専門分野は建築学、バリアフ
リー、ユニバーサルデザイン。
1972年東洋大学工学部建築学科卒。20代中ごろから
障害のある人の住まい・まちづくり活動にかかわり、だれ
もが公平な都市・社会環境デザインを目指している。また、
バリアフリー法やバリアフリー、ユニバーサルデザインガイ
ドラインづくりにかかわっている。
おもな著作に『さがしてみよう！まちのバリアフリー』（監
修・小峰書店）、『車いすの図鑑』（監修・金の星社）、『福
祉のまちづくり　その思想と展開』（著・彰国社）がある。

ブックデザイン	石川愛子
イラスト	オグロエリ
写真	竹花聖美
協力	NPO法人DPI日本会議
	一般社団法人全日本ろうあ連盟
	社会福祉法人日本視覚障害者団体連合
	橋口亜希子　原 ミナ汰
DTP	向阪伸一　山田マリア（ニシエ芸）
校閲	小学館クリエイティブ校閲室
編集	市村珠里　瀧沢裕子　西田真梨

写真提供・協力
株式会社アウトソーシングビジネスサービス ダブル・ピーグループ／旭川
市旭山動物園／株式会社アボワテック／一般財団法人安全交通試験研
究センター／株式会社イヤホンガイド／株式会社エンサウンド／Osaka
Metro／株式会社オリエンタルランド／花王株式会社／川崎市／株式会
社キングジム／京王電鉄バス株式会社／株式会社京王プラザホテル／国
土交通省／サイバー・ネット・コミュニケーションズ株式会社／株式会社松
竹マルチプレックスシアターズ／菅野舞美（東京オリンピック・パラリンピッ
ク準備局）／健やか親子21（第2次）／一般社団法人全国子育てタクシー
協会／全日本空輸株式会社／一般社団法人全日本難聴者・中途失聴者
団体連合会／一般社団法人全日本ろうあ連盟／ダイソン株式会社／髙橋
儀平／東海旅客鉄道株式会社／東京都福祉保健局／TOTO株式会社／
トヨタ自動車株式会社／株式会社ドリテック／成田国際空港株式会社／
西日本旅客鉄道株式会社／日産自動車株式会社／一般財団法人日本規
格協会（JIS Z 8210:2017）／一般社団法人日本車いすカーリング協
会／日本視覚障害者卓球連盟／日本自動ドア協会／日本障害者フ
ライングディスク連盟／社会福祉法人日本点字図書館／社会福祉法人日
本点字図書館附属池田輝子記念ふれる博物館／一般社団法人日本パラ
アイスホッケー協会／一般社団法人日本パラバレーボール協会／一般社
団法人日本ペガーボール協会／一般社団法人日本ボッチャ協会／特定
非営利活動法人ハート・プラスの会／パイオニア株式会社／株式会社パ
スモ／Palabra株式会社／東日本旅客鉄道株式会社／広島電鉄株式会
社／宮崎空港ビル株式会社／公益財団法人明治安田こころの健康財団
／株式会社モリサワ／森永製菓株式会社／株式会社レイメイ藤井

いろいろな人の目線で考えよう

心の
バリアフリー
を学ぶ
❷おでかけ編

2020年3月22日　初版第1刷発行

監修	髙橋儀平
発行者	宗形 康
発行所	株式会社小学館クリエイティブ
	〒101-0051
	東京都千代田区神田神保町2-14 SP神保町ビル
	電話　0120-70-3761（マーケティング部）
発売元	株式会社小学館
	〒101-8001　東京都千代田区一ツ橋2-3-1
	電話　03-5281-3555（販売）
印刷・製本	大日本印刷株式会社

NDC369／64P／277×210mm
©Shogakukan Creative 2020 Printed in Japan
ISBN978-4-7780-3550-1